Explora los HÁBITATS de MONTAÑA con Big Bird

Charlotte Reed

ediciones Lerner ◆ Mineápolis

¡Hay muchos hábitats que explorar!

En la serie Hábitats de Sesame Street®, los pequeños lectores recorrerán ocho hábitats. Únete a tus amigos de *Sesame Street* mientras aprenden sobre estos diferentes hábitats en los que los animales viven, duermen y encuentran agua y comida.

Saludos.
Los editores de Sesame Workshop

Contenido

¿QUÉ ES UN HÁBITAT?

¡Exploremos los hábitats! Un hábitat es un lugar en el que los animales viven y pueden encontrar agua, comida y un lugar para dormir. Un hábitat de montaña es un tipo de hábitat.

¡Las montañas son mucho más altas que yo!

Las montañas pueden ser muy altas. El punto más alto de una montaña se denomina cima o cumbre.

OBSERVEMOS LOS HÁBITATS DE MONTAÑA

Es más cálido en la parte inferior de la montaña. Algunas veces, crecen allí árboles frondosos y verdes. Es más frío en la parte superior de la montaña. Algunas veces, allí crecen pinos.

¡Para llegar a la cima de la montaña, animales buenos trepadores!

Las cabras montesas se ayudan con las patas y las pezuñas para trepar las montañas. Las pezuñas les ayudan a sostenerse de las rocas.

¡Veo dos! Una, dos cabras en la ladera de la montaña. ¡Ah, ah, ah!

El águila real hace su hogar en las montañas. Sus nidos están hechos de ramitas, pasto y hojas. Las águilas reales construyen sus nidos en la ladera de una montaña o en la rama de un árbol.

Los pumas también viven en las montañas. Tiene patas fuertes que les ayudan a dar grandes saltos y garras que les ayudan a trepar a los árboles.

Como es más frío en la parte superior de la montaña, algunos animales, como el alce, bajan de la montaña durante el invierno. En la parte inferior hace más calor.

Un grupo de alces se llama manada.

Las montañas en las que viven los pandas rojos son muy frías. Los pandas rojos están cubiertos por una piel gruesa que les ayuda a mantener el calor.

¡Mira la cola larga y esponjosa del panda rojo!

Esta liebre americana también tiene una piel abrigada que le ayuda a mantener el calor. Su piel blanca se mimetiza con la nieve.

En los meses de invierno, a la cabra salvaje de los Alpes le crece pelo debajo de la piel que la ayuda a mantener el calor.

¡En invierno,
uso un gorro en
la cabeza!

Los yaks comen pasto, hierbas y flores silvestres. Sus cuernos les ayudan a atravesar la nieve y el hielo para encontrar las plantas que están debajo.

¡Los yaks viven
en la cima misma
de la montaña!

Muchos animales viven en los hábitats de montaña. ¿Sobre qué animal de montaña quieres aprender más?

¿PUEDES ADIVINAR?

1. ¿Cuál de estas imágenes es de un hábitat de montaña?

2. ¿Cuál de estos animales vive en un hábitat de montaña?

Glosario

cumbre: el punto más alto de una montaña

hábitat: un lugar en el que los animales viven y pueden encontrar agua, comida y un lugar para dormir

pezuñas: recubrimientos duros en las patas de algunos animales

piel: pelaje de un animal

¿Puedes adivinar? Respuestas

1. B
2. A

Otros títulos

Anthony, William. *Make a Mountain Range*. Mineápolis: Bearport, 2023.

Hicks, Dwayne. *That's a Mountain!* Nueva York: Gareth Stevens, 2022.

Reed, Charlotte. *Explora los hábitats del desierto con Rosita*. Mineápolis: ediciones Lerner, 2026.

Créditos por las fotografías

Créditos de las imágenes: Uwe-Bergwitz/iStock/Getty Images, p. 1; Gary Gray/iStock/Getty Images, p. 5; Lasting Image de Pedro Lastra/Moment/Getty Images, p. 6; Kjell Linder/Moment/Getty Images, p. 9; Jay Dickman/The Image Bank/Getty Images, p. 10; Ozbalci/iStock/Getty Images, p. 12; milehightraveler/E+/Getty Images, p. 14; Jaroslav Sugarek/iStock/Getty Images, p. 17; 1Tomm/iStock/Getty Images, p. 18; John Luke/Stockbyte/Getty Images, p. 21; Westend61/Getty Images, p. 22; Creado por MaryAnne Nelson/Moment/Getty Images, p. 24; hadynyah/E+/Getty Images, p. 25; Sasha64f/iStock/Getty Images, p. 26; milehightraveler/iStock/Getty Images, p. 26 (círculo); JamesBrey/E+/Getty Images, p. 27; bjeayes/iStock/Getty Images, p. 28 (A); Oleg Znamenskiy/Shutterstock, p. 28 (B); AscentXmedia/E+/Getty Images, p. 29 (A); Zoonar/Eugen Haag/Alamy, p. 29 (B). Portada: Kyle Kempf/iStock/Getty Images; Bkamprath/iStock/Getty Images (cabra montesa). Contratapa: Jerry & Barb Jividen/Moment Open/Getty Images (leopardo de las nieves); falcon0125/Moment Open/Getty Images (cabra salvaje de los Alpes).

Índice

Dedicado a mi madre, quien me enseñó a trepar a todas las montañas

ediciones Lerner
Una división de Lerner Publishing Group, Inc.
241 First Avenue North
Mineápolis, MN 55401, EE. UU.

Si desea averiguar acerca de niveles de lectura y para obtener más información, favor consultar este título en www.lernerbooks.com.

Fuente del texto del cuerpo principal: Mikado 24/41. Fuente proporcionada por HVD.

Library of Congress Cataloging-in-Publication Data

Names: Reed, Charlotte, 1997-author | Zab Translation Solutions translator
Title: Explora los hábitats de Montaña con Big Bird / Charlotte Reed ; la traducción al español fue realizada por Zab Translation.
Other titles: Explore mountain habitats with Big Bird. Spanish
Description: Minneapolis : Ediciones Lerner, [2026] | Series: Hábitats de Sesame Street | Original title: Explore mountain habitats with Big Bird. | Includes bibliographical references and index. | Audience: Ages 4–8 | Audience: Grades K–1 | Summary: "Explore mountain habitats with Big Bird and the rest of your friends from Sesame Street. Young readers will discover different types of mountain habitats and the animals that live there. Now in Spanish!"—Provided by publisher.
Identifiers: LCCN 2025015863 (print) | LCCN 2025015864 (ebook) | ISBN 9798765690246 lib. bdg. | ISBN 9798348028268 pbk | ISBN 9798765692325 epub
Subjects: LCSH: Mountain animals—Habitations—Juvenile literature | Mountain ecology—Juvenile literature
Classification: LCC QL113 .R4418 2026 (print) | LCC QL113 (ebook) | DDC 591.75/3—dc23/eng/20250609

Fabricado en los Estados Unidos de América
1-1012588-54895-5/22/2025